MA
REPUBLIQUE

MA

REPUBLIQUE

AUTEUR, PLATON.

ÉDITEUR, J. DE SALES.

TOME X.

OUVRAGE DESTINÉ A ÊTRE PUBLIÉ,

L'AN M. D. CCC.

CONSTITUTION

POUR UN PEUPLE

DIGNE DE SE RÉGÉNÉRER.

LA Constitution que j'expose, est le résultat de trente ans de travaux : et quand on respecte les hommes et soi-même, ce n'est pas trop de la moitié d'une carrière philosophique, pour ériger à la raison qu'on relève, et aux siècles qu'on éclaire, un monument de quelques pages.

Cette Constitution n'est point celle que Catherine II. a donnée à la Russie, ni celle que Frédéric, non le grand, mais l'invincible, a fait adopter à la Prusse, ni celle que les lumières ont tenté de donner à la France, et dont, malgré trois ans de désastres et de crimes, ses législateurs s'honorent encore ; sage ou erronnée, courageuse ou faible, telle qu'elle sort de ma plume, elle est seule ; mon code, tout défectueux qu'il serait dans ses détails, embrasse un plan plus vaste que ceux qui ont acquis quelque célébrité en Europe ; le vainqueur de Molwits à voulu faire des Prussiens, la conquerante de la Crimée des Russes, Mirabeau des Français et moi je veux faire des hommes.

Ma Constitution a été désirée par le premier des souverains : par un de ces monarques philosophes, que le ciel jaloux ne montre qu'un instant à la terre; mais elle ne remplira pas le but que sa raison lumineuse se proposait; ce n'est ni le Brabant, ni l'Autriche, ni le Péloponèse que je tente de régénérer, c'est le globe même, partout où je trouverai des mœurs et des lumières.

Personne n'a une plus haute idée que moi des trônes, quand ils sont occupés par de grands hommes, et à cet égard, Léopold pendant tant d'années, le Marc-Aurèle de la Toscane, a surpassé l'attente des sages : mais des intérêts plus grands que ceux de quelques têtes couronnées ont rempli mon ame d'un saint enthousiasme. Qu'est-ce qu'un pacte entre le chef et les membres d'un corps politique, quand il s'agit de la morale universelle ? qu'est-ce que des rois et même des rois philosophes, quand on se trouve en présence du genre-humain ?

On ne doit pas s'attendre à

trouver ici l'éloge de la Constitution du pays qui m'a vû naître, et encore moins sa critique : à la hauteur ou je me suis élevé, il n'y a point de patrie. Les petites sociétés partielles, qu'on appelledes monarchies, disparaissent et on ne voit que la grande famille des êtres intelligents.

Cependant des loix, qni ne seraient qu'en principes, ne rempliraient l'attente ni des hommes d'état, ni des hommes de bien :

il faut aussi indiquer l'art de les appliquer, suivant les besoins des peuples qui se civilisent ou qui se régénèrent : art simple et sublime, qui empêchera que des êtres pervers ne calomnient la nature humaine, en faisant de la morale universelle, la métaphysique des législations.

Cette considération indique l'architecture générale du monument, que j'ai la témérité vertueuse d'ériger.

Je chercherai dans la nature de

l'homme, le fondement du contrat, qui le lie à tous les êtres avec lesquels il a des rapports : ce contrat est la base de toutes les institutions sociales : il constitue le premier chapitre de tous les évangiles politiques, ce chapitre, sans lequel un gouvernement n'est qu'un délit de lèze-morale, et qui cependant semble avoir été oublié de presque tous les législateurs.

Si ce code-principe est bien

fait, il faut que toutes les loix sociales sur lesquelles repose le bonheur des peuples, n'en soient que le développement.

Je n'aime point qu'on cite, à la tête d'une Constitution primordiale, les législations individuelles, dont les empires s'honorent, parce que des lumières secondaires sont bien faibles, quand on part du foyer de feu dont elles émanent; mais, dans l'hypothèse, où mon code serait aussi pur que le cœur qui l'a dicté, on y verrait les élémens de la Sparte des Léonidas, de la Rome des Cincinnatus, et même de la Philadelphie de Wasinghton.

Malheureusement l'homme éclairé, qui voit les élémens des loix, dans un code de morale universelle, a rarement besoin de ces rapports, et le peuple, à qui ces rapports sont essentiels, ne les voit pas. Il semble donc nécessaire, après avoir fixé avec précision les loix-mères, de porter cette espèce de niveau sur les loix du second ordre, affin d'éclairer à la fois toute la masse d'un gouvernement, et de distinguer le règne pacifique et pur de la nature, de la tyrannie raisonnée des législateurs.

J'aurais pu appliquer mon code générateur, aux institutions d'un peuple neuf, qui fait un premier pas vers la civilisation ; mais à cette époque la machine simple un gouvernement marche d'elle-même ; à peine le législateur a-t-il besoin de la surveiller ; un dieu rémunérateur et vengeur, un roi protecteur de la faiblesse, une loi sur la propriété qui forme le code civil, une loi de Talion qui constitue le code criminel : voilà à peu près tout ce qu'il faut, à un état qui s'organise sans lumières : des factions naissantes peuvent déchirer son sein, sans briser son pacte social : si les loix dorment, les mœurs veillent, et il n'y a point d'anarchie.

Il m'a paru plus utile à la civilisation actuelle de l'Europe, de ne faire servir le lévier de la morale éternelle, que pour soulever une monarchie vieillissante, mais à qui il reste encore assés de mœurs, pour avoir le désir de se régénérer : l'application de ma théorie sera alors plus sensible et plus frappante, et on sera moins tenté de prévenir le vulgaire des hommes d'état, contre mes institutions génératrices, sous le prétexte perfide que c'est l'Optimisme des législateurs.

Cet ouvrage offre donc, d'abord le code primitif, ou le premier chapitre de toutes les législations.

Ensuite l'application du code primitif, au gouvernement d'une monarchie antique qui se régénère.

Il faudrait peut-être, pour completter cette Constitution, lier, à la politique essentielle de l'état revivifié, cette foule de loix locales qui tiennent à son climat, à ses mœurs acquises, à ses relations avec les puissances qui l'environnent; mais cet ouvrage n'est point du ressort du philosophe isolé, qui plane, avec la nature et la morale, sur les gouvernements; il me semble appartenir exclusivement aux représentants d'un peuple souverain qui se régénère, soit que ces représentants s'assemblent en Parlement, comme dans la Grande Bretagne, soit qu'ils s'organisent en Diètes, comme en Pologne, soit qu'ils se constituent comme en France, en assemblée nationale, soit plutôt qu'ils adoptent la dénomination de grands états, dénomination dont on n'a point encore abusé, pour peupler un empire de tyrans et de victimes.

La forme que j'ai choisie pour cette Constitution, s'écarte assés des routes ordinaires, pour exiger de moi une sorte d'apologie.

Qaund des législateurs donnent un code à leurs concitoyens, ils doivent d'abord frapper tous les regards, par l'ordonnance générale de leur ouvrage; ensuite il leur convient de n'admettre pour l'écrire, qu'un style sévére, et dont toute la dignité soit dans la précision et dans la simplicité.

Si un code composé d'idées hétérogènes, manque d'ensemble; en vain, pour voiler la mesquinerie de la conception originale, tenterait on d'introduire une liaison factice entre les raisonnements qui en émanent, par le moyen des transitions oratoires, le temps fera justice de cette production éphémère, et frappera de mort la renommée du législateur et son ouvrage.

Si, à ce défaut d'ensemble, se joint une rédaction, tantôt prolixe, tantôt déclamatoire, mais toujours insignifiante et décousue, on ne voit plus dans l'homme d'état qu'un froid Rhéteur, et du mépris de la langue de la loi, on passe au mépris de la législation.

J'ai tenté, autant que l'hyver de mon génie a pu me le permettre, de sauver à ma mémoire de pareils reproches.

J'ai mis une telle harmonie dans

toutes les parties de ma Constitution, que chaque idée secondaire se trouve dans l'idée primitive qui la précède : j'ai désiré que les loix, dont je propose la série, ne fussent toutes que les anneaux d'une grande chaîne, dont une extrémité fut tenue par la nature et l'autre par la vérité.

Le style de mes loix sera, dans mon plan, aussi simple que les idées qu'elles expriment ; malheur à l'homme qui parle en rhéteur au peuple qu'il veut rendre bon : qui, pour façonner l'esprit de la multitude à l'intelligence du pacte social, lui parle la langue énigmatique des oracles!

Mais ma Constitution ne renferme pas le texte seul des loix que je propose, et c'est ici qu'une juste défiance de mes forces, doit m'écarter un moment de la route frayée par les législateurs.

Quand un peuple souverain

s'est créé un code dont sa raison s'honore, il faut que ce code soit sans préambule et sans commentaire ; la loi, lorsqu'elle est bien faite, est au dessus de toute apologie ; elle doit protéger le citoyen, frapper le perturbateur et ne raisonner avec personne.

Mais quand une Constitution, toute philosophique qu'elle est, n'a pas la sanction du souverain, on ne sçaurait prendre trop de mesures, pour justifier l'esprit dans lequel elle est tracée : le législateur doit, comme Socrate, converser avec l'homme simple qu'il veut instruire, ou avec le sophiste qu'il veut démasquer ; et c'est, quand il a triomphé de l'opinion, qu'il peut la remplacer par la loi.

Tel est le motif de la marche que j'ai suivie, dans la rédaction de mon code ; n'ayant que mon authorité individuelle, pour réformer la volonté générale, j'ai dû faire excuser, par la circonspection de mes préliminaires ; la hardiesse de mes principes : j'ai dû interroger les nations sur leur bonheur, plutôt que de les y mener avec despotisme ; j'ai crû qu'il fallait parler à la raison de l'homme, avant de plier sa tête indocile sous le joug de mes loix.

Cette marche du législateur isolé, a dû être la même pour des législateurs réunis, en représentants du souverain ; car ce n'est

qu'avec

qu'avec ce doute philosophique, qui annonce une sage défiance de ses lumières, qu'on peut commander la confiance à un grand empire, qu'on organise ou qu'on revivifie. Le ton impératif des loix écrase trop la raison : jusqu'à ce que la patrie ait adopté l'ouvrage de ses régénérateurs, il faut mettre l'entendement de l'être qui commande en correspondance avec l'entendement des êtres qui doivent obéir ; sans cette harmonie préliminaire, la législation d'un peuple libre, n'a que les formes odieuses d'une capitulation, faite sur la brèche d'une monarchie renversée, entre des vainqueurs et des esclaves.

Mais quand une nation légalement assemblée, a revisé le grand ouvrage de ses représentants, qu'elle l'a ratifié de son suffrage, et qu'elle lui a donné ainsi l'autorité, qui pour l'homme vertueux est une nouvelle religion, c'est alors que les préliminaires de la Constitution doivent disparaître, pour n'offrir que la Constitution même, non à la critique, qui ne peut plus l'atteindre, ni aux éloges qui l'aviliraient, mais à l'obéissauce : ces préliminaires sont les échaffauds du temple des loix, que l'architecte abbat, quand l'édifice est élevé.

Tel est l'ouvrage que j'abandonne à la philosophie de Léopold, et encore plus à la justice des siècles. Je suis loin sans doute d'avoir rempli l'attente des sages : je vois l'infini entre l'espèce de perfection que j'ai pu atteindre, et celle que j'imagine : mais quelque faible qu'il soit, il repose sur des bases éternelles : et c'est encore le plaidoyer le plus sage, que, depuis un demi-siècle, l'homme, digne d'avoir une patrie, ait prononcé dans la cause du genre-humain.

CONSTITUTION.

Sous les auspices de l'Etre-Suprême, et en présence du genre humain.

La nation, souveraine, légalement assemblée, après avoir soumis à un mûr examen, revisé, et rectifié le Code de loix, qui lui a été présenté par ses législateurs, forte de la sanction libre du Monarque, et du suf-

FRAGE PRESQU'UNANIME DE SES REPRÈSENTANTS, L'ADOPTE, SOUS LA FORME QUI VA ÊTRE EXPOSÈE: DÈCLARANT, QUE LA PREMIÈRE PARTIE RENFERME LES PRINCIPES DE TOUTES LES LÈGISLATIONS, ET DÈCRÈTANT QUE LA SECONDE FORMERA ESSENTIELLEMENT LA CONSTITUTION DE LA MONARCHIE.

PREMIERE PARTIE.

PRINCIPES DE TOUTES LES LÉGISLATIONS.

TITRE I.

DES ÉLÉMENS DE L'HOMME.

HOMME social, pour qui le besoin d'être heureux est aussi essentiel que le besoin d'exister, il y a peut-être quarante mille ans, que, sous prétexte de faire ton bonheur, les prêtres, les despotes et les sophistes, qui tous ont le plus grand intérêt à te mener en lisières, t'ont condamné à une éternelle minorité.

Le Sacerdoce t'a dit : il n'y a de lois que celles que le ciel te révèle par mon organe ; alors tu as abjuré ton sentiment intérieur, pour croire à des oracles ; tu as préféré la foi à la vertu.

Le trône t'a assuré, que si tu ajoutais à sa force, il s'en servirait pour protéger ta faiblesse, et, partout où ce trône n'a pas été occupé par des sages, il t'a humilié de son faste et écrasé de sa gloire.

Quand tu as atteint un siècle de lumières, le sophiste est venu abbattre tous les trônes, et dire que tout homme libre était roi : alors ton sang a coulé autour des vains simulacres de la patrie, et en te condamnant á régner, on t'a empêché d'être homme.

Homme social, tous ces tuteurs insolents, qui perpétuent ta faiblesse, pour avoir le droit de la gouverner, mentent au ciel et á eux-mêmes : tu n'as besoin ni des dogmes des révélations, ni des loix royales, ni des arguments des sophistes pour graviter vers le bonheur ; descends au dedans de toi-même, interroge ta conscience et tu trouveras, avec la paix de l'ame, le sentiment de ta dignité.

Cette conscience te donnera la clef de la morale, et en appliquant celle-ci à l'art de gouverner les états, tu rencontreras le secret de toutes les législations.

Il n'y a rien de si simple, sans doute, que cet enchaînement de principes, dont le germe est dans tous les entendements, et la conviction dans tous les cœurs; mais on a eu l'art d'entourer d'erreurs et de terreurs le berceau de ta civilisation, pour pervertir ton tact moral, et t'arracher ainsi à l'empire de la nature.

On t'a ordonné de croire que c'était à la religion a créer la morale, tandis que c'est la morale qui doit être la mère de toutes les religions; et ce blasphême sacerdotal a dénaturé le pacte, qui lie l'homme à dieu par l'intermède des cultes, et par contre-coup, celui qui enchaîne l'homme à l'homme par l'intermède des loix.

On a jetté un rideau sur l'organisation du monde social, en faisant précéder les époques de la civilisation, par un age phantastique qu'on a appellé l'état de nature.

Les uns ont prétendu, qu'avant un certain délit imaginaire, provoqué par le dieu du mal, pour avoir des victimes, le genre-humain avait été organisé dans une innocence de mœurs, qui semblait rendre tout frein inutile : et c'est une imposture de la théologie.

Les

Les autres ont affirmé, que, dans les ages primitifs, ce globe inculte avait nourri des hommes sauvages, bornés aux besoins physiques, ne déployant leur vigueur que pour en abuser, ne se rassemblant que pour se combattre, ne subjuguant le sexe que pour jouir sans aimer ; et c'est un mensonge du philosophisme.

Homme, de tous les siècles, et répandu sur tous les points de nos continents, on te trompe à la fois, au nom du ciel et au nom de la philosophie, Ce ne sont point là tes éléments : écoute la vieillard simple et droit, qui n'étant ni prêtre ni sophiste, n'a aucun intérêt à dénaturer les archives de ta famille.

Il n'y eut jamais ni état antérieur d'innocence, ni état de nature.

L'homme primitif n'est point né innocent où coupable ; il n'est né qu'avéc des organes, et un tact moral qui le rendent susceptible d'être modifié, par la vertu des êtres avec qui il habite, où par leur perversité.

L'homme primitif n'a point été sauvage, avant de devenir social : parce qu'à sa naissance il a eu des rapports avec les êtres qui l'environnaient, et que, du moment qu'il a pû juger ces rapports, il a été civilisé.

Nous ignorons comment la terre s'est peuplée, où du moins nous ne le savons que par des hommes qui font parler le ciel, ce qui est la même chose que l'ignorer; mais, à l'époque incalculable à notre faible chronologie, où la surface du globe se couvrant de végétaux, l'être intelligent qui s'en nourrit put s'y propager, toutes les portes du monde moral s'ouvrirent, et on put façonner l'argile du cœur humain, à recevoir l'empreinte des loix.

L'homme n'a point été jetté sur la terre, comme une lave embrasée que vomit le cratère d'un Volcan : en ouvrant les yeux à la lumière, il a eu des rapports avec les êtres générateurs qui protégeaient sa faiblesse : si un pere l'a défendu contre les intempéries de l'atmosphère, si une mere lui a offert son sein pour l'allaiter, le pacte social a commencé entre eux ; si la nature a été muette, l'enfant nécessairement a péri ; et dans aucune des hypothèses, il n'y a eu d'état de nature.

Le premier berçeau de la civilisation a donc été dans le sein d'une famille primordiale : quand cette famille se subdivisa, la propriété naquit, et avec elle des loix orales où écrites, et un gouvernement.

Telle est, homme social, ta généalogie : elle n'est écrite ni dans les Évangiles révélés ni dans les livres des philosophes ; mais on en voit les principaux titres dans l'histoire physique du globe, et dans ton entendement sublime : ces monuments sont plus près de la vérité, que les Védam du dieu Brama, la Genèse de Moyse, où les systêmes des Académies.

Avant de faire dériver de ces simples éléments tout le systême de la civilisation, arrêtons nous un moment, pour donner à une théorie qui semble avoir l'assentiment de la raison, cette forme impérative de loix, qui change en religion le civisme de la multitude; et que l'analyse de l'homme soit pour ainsi dire la première pierre, sur la quelle pose tout l'édifice des législations.

Puisque l'homme n'existe pour la loi, que par la raison, c'est à la raison seule à faire naître la loi.

Tout code où on a fait intervenir le ciel, pour civiliser la Terre, tout code fait pour l'homme, et que la raison humaine n'a pas dicté, est donc solemnellement abrogé.

Cette raison semble nous dire, que le genre-humain a commencé, lorsque le globe a pu le nourrir des productions de sa surface; ainsi les livres sacrés, qui ne font remonter cette ori-

gine qu'à soixante siècles, dégradent à la fois la physique et la religion.

Elle nous assure, qu'il n'y eut jamais un état primitif d'innocence, ni un etat postérieur de perversité : que les élémens de notre nature sont invariables, et que le dogme d'un délit originel est un blasphème contre le ciel et contre la morale.

On voit encore, en consultant cette raison, que l'homme étant né d'une famille primordiale, n'a pu commencer par cette vie errante et sauvage, qu'on appelle l'état de nature : il a, dans l'origine, été époux et père, ainsi, dans l'origine, il a été civilisé.

La famille, qui fut la tige du genre-humain, se partagea par la population en familles collatérales : ce nouvel ordre de choses fit naitre la propriété, et avec elle le pacte-social et le gouvernement

Quand la raison décompose l'homme élémentaire, affin de découvrir la pente invincible qui l'entraine vers le bonheur, elle s'arrête à trois principes ; elle voit en lui des organes physiques, pour jouir; un entendement, pour le diriger vers la vérité, et un tact moral, connu sous le nom de conscience, pour discerner le mal du bien.

La conscience est le mobile de la morale; et il suffit de porter la morale dans la politique, pour rencontrer le secret des législations.

TITRE II.

DE LA MORALE.

Soyez bénis, paisibles gens de bien de l'Europe éclairée, qui dans un moment, oú la dernière barrière des mœurs et des loix est brisée, avez eu le courage d'accueillir ma théorie des TROIS MORALES; et qui avez déposé dans mon sein le vœu flatteur, qu'un jour, pour le bonheur de de la Terre, on fit, de cette théorie, le ressort de tous les gouvernements!

Ce concert, de la part de tant d'hommes divisés par les opinions, et qui ne peuvent être réunis que par la vertu, m'a fait verser quelques larmes d'attendrissement ; j'ai reconnu que, malgré les désastres prochains de l'Europe, qui menace d'être froissée, entre les erreurs des peuples, et les crimes des rois, il y avait encore une foule de bons citoyens, que la philosophie pacifique de Socrate pouvait avouer, et comme Varron après la défaite de Cannes, j'ai eu l'orgueil de ne pas désespérer du salut de la république.

Eh ! comment la morale ne serait elle pas devenue, entre des sages de tant de Patries différentes et moi, un point de ralliement ? il ne fallait point de livres philosophiques pour rencontrer ma théorie, point de lumière supérieure pour l'entendre : tout ce qu'on a trouvé de neuf dans les raprochements, était gravé au dedans de moi même : le cœur a dicté cet ouvrage, et le cœur l'a jugé.

Il est évident qu'il existe une science des mœurs, dont les éléments sont gravés en caractères ineffaçables, dans notre conscience, avec le burin de la nature.

Il est évident que l'homme ne pouvant faire taire impunément sa conscience, n'a de titre au bonheur, que par la morale.

Il est évident que l'accroissement des rapports avec les êtres qui nous ressemblent, multipliant les occasions d'interroger notre conscience, le bonheur qui résulte de l'observation de la morale, regarde encore plus l'homme social que l'homme individuel.

Tous ces principes, nés avec le

genre-humain, et faits pour lui survivre, n'ont échappé à aucun des législateurs dont la terre s'honore ; s'ils ne les ont pas exprimés formellement, à la tête d'un Code, on voit du moins que les loix qu'il renferme n'en sont que les résultats ; leur philosophie était d'un ordre trop supérieur, pour qu'ils ne s'apperçussent pas, que des loix étrangères à la morale, ne seraient qu'une injure à la raison de l'homme social.

Malheureusement les instituteurs des peuples se sont arrêté là ; ils n'ont vu que la conscience de l'homme isolé, ou en rapport avec d'autreshommesindividuels; cette morale rétrécie, a été pour eux les colonnes d'Hercule, que leur génie n'a osé franchir.

On a vu de nos jours, des peuples frappés en masse par les rayons de la philosophie, qui tentant de sortir de cette enceinte étroite, ont appellé toutes les vérités, autour du berçeau de leur révolution, et annoncé ainsi au monde, des Évangiles politiques, qui deviendraient les régulateurs de toutes les législations; mais toutes les espérances de la raison humaine ont été trompées : ces Codes, tracés par des mains vulgaires, n'ont pas même atteint l'espèce de perfection de leurs modèles; ils n'ont, comme le Coran des Arabes, excité l'enthousiasme que des brigands, qui avaient intérêt à dévaster la terre, pour régner sur des déserts.

Je suis alors descendu au fond de mon cœur, pour chercher des éléments plus purs et plus homogênes, á la civilisation, et j'ai écrit ma théorie des TROIS MORALES.

On ne peut se dissimuler que

les peuples ne soyent les individus de la société générale, et qu'ils n'ayent en qualité de souverains, des rapports moraux avec le sujet isolé qu'ils gouvernent ; il y a donc une morale d'état, qui constitue une branche essentielle de la morale de l'homme individuel.

Un état, outre ces rapports naturels avec ses citoyens, en a encore d'autres, avec les états divers qui sont répandus sur la surface du globe : il existe donc un nouveau développement de la morale individuelle, qu'on peut appeller la morale de l'univers.

La philosophie avait d'autant plus de raison, d'apporter un fil d'Ariane dans cet inextricable labyrinthe, que ces trois morales, quoyque sorties du même rameau, n'ont entre elles aucun point de contact. La vertu du sage obscur, ne serait point celle du sage, homme d'état, et ce qui semblerait justice entre un peuple souverain et ses aujets, ne paraitrait souvent que perversité de monarchie à monarchie.

Ce contraste entre les trois morales, d'où résultent les crimes de la politique et les erreurs du droit des gens, n'avait encore été saisi par aucune de ces plumes, faites pour influer sur l'opinion générale ; l'Europe n'avait pû rencontrer un Newton pour ouvrir le monde moral, comme elle en avait trouvé un pour lui ouvrir le ciel des astronomes.

Voyons s'il est possible de dresser quelques loix, qui ramènent à la morale primitive, les morales hétérogènes de l'état et de l'univers ; et si en n'introduisant qu'un seul régulateur pour maintenir l'harmonie universelle, l'homme qui sçaura être bien avec lui même, pourra aussi se flatter d'être bien avec les hommes.

La nation ne reconnait de Codes, avoués par la raison, que ceux, où l'homme social est bien avec tous les êtres avec qui il a des rapports ; et on n'est bien avec dieu et avec ses égaux que pnr la morale.

Dieu étant l'unique frein des délits secrets, dans le sommeil des remords, toute législation indifférente à la morale, qui ne fait pas concourir l'intervention de dieu au bonhevr de l'homme, est un attentat contre le genre-hnmain.

La science des mœurs ayant

précedé celle des cultes, toute législation est suspecte de perversité, quand on a osé appuyer sa morale sur la religion, au lieu d'appuyer sa religion même, sur la morale.

L'homme heureux par la paix de son cœur, par sa société avec l'ordonnateur des mondes, doit chercher à l'être encore, en épurant ses rapports, soit avec une patrie qui le protège, soit avec la famille entiere des êtres intelligents. Or les rapports avec le monde social, ne s'épurent que par la morale; la morale de l'homme, en rapport avec la société qui le protège, constitue le civisme ; celle de l'homme, en rapport avec la famille entière des êtres intelligents, forme la raison supérieure du citoyen de l'univers.

Il ne suffit pas aux législateurs, de faire dériver, de ces rapports de l'homme individuel, la chaine de ses devoirs, soit envers la Patrie, soit envers l'assemblage de toutes les Patries, il faut encore qu'elles indiquent les rapports d'une Patrie particulière envers l'homme individuel, et ceux de toutes les Patries entr'elles ; la raison du législateur phi-

losophe peut appeller le premier ordre de ces rapports, morale de l'état, et le second, morale de l'univers.

Les états dégradés ont perverti leur morale, en prétendant que leurs sujets leur devaient tout, et qu'ils ne devaient rien à leurs sujets. Notre nation qui se régénère, renonce solemnellement à ce privilège oppresseur : elle reconnait qu'elle ne s'est pas engagée vainement à proteger ses citoyens : elle ne veut pas que, dans son sein, on condamne Aristide à l'Ostracisme, et qu'on fasse boire la cigüe à Socrate:

Le despotisme des états a encore dénaturé leur morale, en imaginant le fleau sacré des cultes exclusifs; notre législation, plus amie de l'homme, laisse à tout citoyen la liberté de suivre les loix de l'alliance tacite, contractée entre le ciel et son cœur; parce que toute autre sanction que celle de la conscience, n'est à cet égard qu'un grand sacrilège.

D'après la même théorie sur la morale, nous rejettons, avec toute l'indignation de la vertu, ces manœuvres obscures et cruelles qu'on nomme COUPS D'ÉTAT,

DROIT DE BIENSÉANCE, *avec lesquelles une nation s'arme contre elle-même, pour prévenir les insurrections légitimes contre le pouvoir.*

Outre les devoirs qui lient la Patrie à ses concitoyens, il en est d'autres qui lient toutes les Patries entr'elles; et ce rameau, le plus sublime de la morale universelle, ne doit point être méconnu, dans une législation uniquement fondée sur les lumières.

La morale de l'univers, si mal désignée par le terme vulgaire de droit des gens, n'est que l'art de faire dériver le bonheur des états, de leur harmonie. Ainsi notre monarchie, pour rester libre, reconnait l'indépendance de tous les peuples; pour assurer ses rapports avec ses colonies, elle n'affectera pas un empire absurde sur les mers: pour oter tout prétexte à la démence héroïque des conquérants, elle renonce solemnellement au droit de conquête.

Les trois morales de l'homme individuel, de l'état, et de l'univers, semblent aujourd'hui séparées par des barrières éternelles; mais une législation vrai-

ment philosophique, tend à les réunir. Si jamais il n'y a qu'un mobile dans le monde moral; si la vertu de l'état n'est pas distinguée de celle de citoyen; si dans les différents qui peuvent s'élever entre les Patries, on ne reconnait partout comme utile que ce qui est essentiellement juste; peu à peu le genre-humain ne deviendra qu'une seule famille, et on verra se réaliser le phantome brillant de la paix universelle.

Les trois ordres de devoirs, dérivés de la morale, qui enchainent l'homme individuel au peuple souverain dont il dépend, l'état à ses sujets, et les grandes sociétés entre elles, supposent un contrat primitif, ou tacite, ou solemnellement reconnu : ce qui nous conduit à cette grande base de la civilisation, qu'on appelle le pacte social.

TITRE III.

DU PACTE SOCIAL.

Malgré le foyer des lumières, allumé en France depuis deux cents ans, et qui s'étendait peu à peu, en tout sens, dans le reste de l'Europe, on avait fait peu de recherches sur les élémens de l'organisation des empires ; des hommes supérieurs, tels que Montesquieu, avaient appliqué leur génie aux loix faites plutôt qu'aux loix à faire ; enfin on n'avait défini philosophiquement ni la vertu de l'obéissance ni le droit du commandement, lorsque le CONTRACT SOCIAL parût.

Cet ouvrage, chef-d'œuvre d'analyse, était si contraire à toutes les idées reçues, qu'il fut dabord assés mal jugé ; il n'eut pas même toute la célébrité que devait lui donner son audace ; on le citait plus qu'on ne le lisait ; et le philosophe de Genève est mort, sans se douter qu'il était fameux par le Contract Social, comme Racine, sans soupçonner qu'un de ses plus beaux titres à l'immortalité était Athalie,

La révolution Française est venue, et à l'indifférence à succédé tout d'un coup l'idolatrie; comme on avait eu l'art de répandre, que l'auteur d'Émile avait prédit le nouvel ordre de choses, on plaça par reconnaissance le Contract Social sur l'autel de la Patrie, et il ne fut plus permis de discuter cet Évangile de la politique, sans sacrilège.

Ce double jugement est aussi éxagéré, que la philosophie même du citoyen de Genève; on eut tort, quand le Contract Social parût, d'apprécier ce beau monument de liberté, avec la logique déprisante des trônes ; on à tort aujourd'hui de ne le remettre debout, qu'avec l'enthousiasme inconsidéré des sectaires. Rousseau, s'il n'avait écrit que ce livre, n'aurait mérité ni le mépris des rois ni son apothéose.

Le Contract Social a le grand mérite d'avoir ramené à une théorie élémentaire les notions vagues du peuple des philosophes, sur le pouvoir souverain : d'avoir tiré du cahos les principes constitutifs du gouvernement, et surtout d'être écrit avec cette mâle indépendance d'un Cosmopolite, qui plane au dessus des Patries et des religions.

Mais quand on vient à discuter, dans le silence du cabinet, cet ouvrage, dont le républicanisme à fait le bréviaire des législateurs, on est tout étonné de voir que l'auteur d'Émile est presqu'aussi souvent au dessous de son propre génie, qu'il est au dessus de la horde vulgaire des publicistes ; on sent, qu'a l'époque du meurtre juridique des Calas, et des lettres de cachet, lui seul pouvait entreprendre un pareil livre ; mais on est tenté de croire, que sil avait vécu douze ans de plus, il aurait eu le courage de le refaire.

Si les préliminaires de cette Constitution comportaient l'examen des erreurs de détail du Contract Social, je demanderais, comment il à échappé à son illustre auteur, en faisant le procès à toutes les révélations, de dire que l'atroce Moyse a atteint le but que doit se proposer un législateur; comment il a donné au peuple, le droit de changer ses meilleures loix, sous le prétexte absurde qu'il peut se nuire à lui même : comment il a admis qu'il n'y avait aucune institution fondamentale, qui pût obliger le souverain, pas même le Pacte Social.

D'ailleurs le Contract Social, tout exempt qu'il parait des préjugés politiques et religieux, ne l'est pas tout à fait des préjugés philosophiques ; l'auteur part sans cese de sa chimère de l'état de nature, pour arriver au problême du monde civilisé. Citoyen de Genève, il ne voit que ce grain de sable, dans la balance politique de l'Europe : il a l'air de vouloir organiser tous les empires du globe, et il ne porte sur eux, que le niveau de la plus petite des républiques.

Le

Le plus grand vice de ce bel ouvrage, est qu'il repose tout entier sur une politique de convention ; la science sublime des mœurs n'y est pour rien ; on n'y pressent même pas ce principe immortel de toute législation : que les devoirs sacrés qui lient une Patrie à des citoyens, et toutes les Patries entre elles, forment une chaîne continue, dont le premier anneau tient à la conscience de l'homme individuel.

Au reste Rousseau a trop de droits à l'estime des siècles par sa philosophie et sa vertu, pour reprocher à sa mémoire, quand il a été plus loin que ses prédécesseurs, d'avoir laissé quelque chose à faire à la postérité. Le Contract Social ne nous a été annoncé par cet homme célèbre, que comme un morceau détaché d'un grand écrit politique, que la méfiance de ses forces lui avait fait abandonner : il est dans mon caractère de supposer, dans la conception entière de l'ouvrage, l'ensemble qui n'est pas dans le fragment. Regrettons que cet homme sublime ait trouvé quelque chose audessus de ses forces ; mais plus justes que l'Europe barbare, à l'égard des livres d'Aristote, ne brulons ni n'adorons le Contract Social.

Parmi les idées d'un ordre majeur, qu'on voit étinceler dans le fragment du philosophe de Genève, il n'en est point de plus frappante que celle qui établit une convention originelle entre les peuples et les rois, pour donner une base, au droit de commander ; mais il me semble que si on pouvait découvrir la racine de cette convention, on verrait un bien plus bel ordre dans ses développements.

Puisque l'état de nature est un de ces phantômes aëriens

qui ne peuvent soutenir le grand jour de la raison , il faut chercher la racine du Pacte Social dans l'organisation de la famille primordiale.

L'homme , qui fut la tige des hommes, fut époux, avant d'être pere : mais il n'existe point d'hymen sans Pacte qui en assure les nœuds ; ainsi l'homme primitif, en jettant son cœur dans celui d'une femme , dressa le premier Pacte Social , sur l'autel de la nature.

Il ne faudrait point supposer que l'homme primitif, à la vue de la beauté qui parlait a ses sens, abusa de la supériorité de sa force, et préféra de triompher en tyran de la résistance de la pudeur, au charme de faire servir cette résistance même à l'aliment de l'amour.

Les idées d'abus de la force, de tyrannie, de violence, quand il s'agit de l'union des sexes, sont d'un monde dégénéré, que le relâchement des mœurs a perverti, et non d'une première famille qui s'organise ; si le premier acte de la puissance de l'homme en eut été l'abus, il anéantissait sa postérité avant de naître, et il n'y aurait point eu de genre humain.

Eh ! comment l'être intelligent, qui sent pour la première fois qu'il a un cœur, songerait il à le répudier ? est-ce que ce n'est pas jouir, que de permettre à la faiblesse de subjuguer la force ? est-ce qu'on songe à la supériorité de ses organes, quand un sentiment dominateur maîtrise l'existence toute entière ?

Le premier homme qui aima, perdit la moitié de sa force : alors l'être qui parla à ses sens se trouvant son égal, ils purent transiger ensemble, sans que la faiblesse naturelle de l'une des deux parties fut compromise par l'ascendant de l'autre. Car lorsqu'il n'existe point encore de loi sociale, qui mette la force et la faiblesse de niveau, il n'y a de vrai Pacte que celui qui repose sur l'égalité.

Le Pacte conjugal, type origiginel de toutes les conventions sociales, dut se réduire à deux clauses, ou tacites ou formellement exprimées : l'homme dit : JE TE PROTÈGERAI, SI TU M'AIMES ; et la femme : JE T'AIMERAI, SI TU ME PROTÈGES : alors la foi fut donnée, et les amants devinrent époux.

Ce contract dérivait essentiellement de cette morale éternelle, qui, ainsi que nous l'avons vû, n'est autre chose que l'art d'être heureux avec tous les êtres avec qui on a des rapports : une voix souveraine, celle de la conscience, criait à l'être faible : ton bonheur consiste à te voir protégé ; et à l'être fort : le tien consiste à te voir aimé.

Dans la suite l'époux devint pere, et les clauses du Pacte conjugal, en changeant d'objets, ne changèrent pas de nature.

Il est bien évident que l'homme, en promettant à la femme de protéger sa faiblesse, promit en même tems de protéger celle des enfants qu'elle ferait naître; et il ne promit pas en vain : il portait en lui même, dans ce cœur patertel, qu'il avait reçu de la nature, le garant sacré de son serment, où le vengeur de ses infractions.

La seconde clause de l'acte, avait aussi son effet; car des enfants que la force paternelle protége, ne peuvent promettre que d'aimer ; et puisque le cœur du pere garantissait la protection, il était bien sûr que le cœur du fils garantirait l'amour.

C'est encore sous le même point de vue, qu'il faudrait envisager l'espèce de Pacte fédéral, entre l'homme et l'ordonnateur des mondes.

l'Être qui vivifie l'univers entier par sa présence, du moment que par le développement de notre raison, il a reconnu que ses bienfaits ne tomberaient pas en vain, semble être entré en société avec son ouvrage. Il a promis d'être pour la terre le Dieu rémunérateur et vengeur : alors le pervers a répondu en lui décernant le culte sanguinaire de l'effroi, et le juste en lui offrant le culte simple et pur de la reconnaissance.

A mesure que le Globe s'est peuplé, les rapports de l'homme se sont étendus ; il a trouvé plus de moyens d'accroitre son bonheur et de le perdre, et le besoin des jouissances de la morale, lui a fait donner une forme authentique au Pacte Social.

C'est lors de la subdivision des

la famille primitive, qu'on sentit la nécessité de former une force publique, pour enchaîner toutes les forces individuelles : chaque chef, soit de la branche aînée, soit des branches collatérales, ne pouvait dire : ce champ que je cultive est ma propriété, sans allarmer autour de lui une foule d'ambitions rivales ; il fallut donc acheter leur silence, par un Pacte, qui ferait résulter la paix générale du concours des sacrifices.

La première transaction se passa entre la majeure partie des peres de famille, à qui le sens moral disait qu'il ne pouvait exister de félicité pour eux sans harmonie ; la clause unique de cet acte fut de se reconnaître mutuellement leurs propriétés.

Mais quel pouvait être le garant de cette transaction primordiale ? c'est ici que le besoin d'être heureux secoua l'entendement humain, et le conduisit aux éléments du Pacte Social.

Il est évident que la conscience de chaque pere de famille isolé, ne pouvait garantir les propriétés de ceux avec qui il transigeait ; car les intérêts de chaque propriétaire changeaient, à chaque subdivision de la famille primitive. Au milieu de ce conflict toujours renaissant de droits et d'opinions, il était à craindre que le sens moral des intéressés ne se pervertît : alors l'esprit humain fit un pas de géant ; on statua qu'une conscience générale, serait l'organe et le juge de chaque conscience individuelle.

Mais une pareille convention, qui allait donner une ame à la machine sociale, ne pouvait avoir de force, sans que chacun des contractants cédât de ses droits naturels, pour en composer un droit unique et central ; et voilà l'origine des sacrifices qui servent de base au Pacte Social.

Les sacrifices de chaque pere de famille, consistèrent à faire taire leur volonté individuelle, pour laisser parler la volonté générale, et a renoncer à l'usage de leur force personnelle, affin de donner plus d'énergie à la force publique, destinée a les protéger.

Cet abandon volontaire des droits de nature, pour en constituer un droit de convention, qui prévient la discorde et l'anarchie, forme le premier dégré de l'organisation sociale.

Mais une volonté générale, sans l'organe qui l'exprime, une force publique, sans la puissance qui la fait mouvoir, n'offrirait qu'un vain simulacre ; il fallut donc que les sages primitifs se réunissent à choisir l'un d'entre eux, pour representer la réunion de toutes les forces et de toutes les volontés ; et ce sage fut roi.

Telle est la seconde époque de la chronologie sociale ; elle datte de la naissance des gouvernements.

J'ai dit que le premier représentant du souverain fut roi,

et ce n'est pas sans motif : il est certain que l'acte de déposer le ressort du gouvernement entre les mains d'un sénat, suppose une politique trop compliquée, pour avoir frappé d'abord l'imagination neuve encore des hommes primitifs. Tout marche du simple au composé, dans le monde social, comme dans la nature.

Il n'existait, à l'époque de la société naissante, d'autre pouvoir que celui des peres de famille ; on ne connaissait rien de plus parfait qu'un pere qui se fait adorer de sa famille, et il était dans l'ordre naturel des évènements, qu'on consacrât le repésentant du souverain, comme pere d'un grand peuple réuni en famille.

Ce ne fut que long-tems après, que la machine politique ne marchant point, on jugea à propos de substituer à un pivot unique, usé par le frottement des siècles, plusieurs ressorts destinés à lui donner plus d'énergie.

Un roi ayant par sa tyrannie appellé l'insurrection, les grands propriétaires qui s'étaient réunis pour amener un nouvel ordre de choses, jugèrent que, pour le bien de la société, il ne fallait plus se fier à un seul homme : ils formèrent une fédération d'intérêts et de pouvoir, et quand le despote fut détrôné, ils lui succédèrent.

Cette aristocratie n'était pas de nature à avoir la durée de l'antique monarchie ; un sénat de rois pèse bien plus qu'un roi sur la tête d'une multitude : le peuple se hâta de secouer un joug oppresseur, voulut régner par lui même, et voilà la démocratie.

De tous les fléaux qui ont ravagé le monde social, celui qui a laissé le plus de traces de ruines et de mort, est assurément le gouvernement, où tous les bras du corps politique s'en font la tête ; lorsque l'anarchie a été portée à son dernier période, le peuple lui même a reculé d'horreur, à la vue des désastres qu'il avait causés, et on est revenu au règne patriarchal du pere de famille.

Ce n'est, je pense, qu'après une foule de tâtonnements, que des sages, dans un siècle de lumières, ont tenté de prévenir les attentats des représentants du souverain, en circonscrivant leur despotisme, par un mélange heureux des formes du gouvernement.

On a dabord songé á tempérer l'activité dévorante de la monarchie, en faisant concourir avec elle un sénat de rois; par ce moyen, toutes les tyrannies s'usaient par le frottement, et pendant que l'orage grondait sur les palais, la paix règnait dans les chaumières.

Mais il est arrivé plus d'une fois que les tyrans des deux ordres, las de s'entredétruire, ont fait une paix criminelle, pour se partager un peuple à dévorer. Ce nouvel attentat a du produire une nouvelle combinaison de la politique ; alors des philosophes ont trouvé, qu'en intéressant à la fois le trône, les grands d'un empire, et la multitude, à la chose publique, en balançant deux ressorts par un intermédiaire, en formant une souveraineté de la combinaison heureuse des trois pouvoirs, on pouvait créer le chef-d'œuvre des gouvernements.

Au reste toutes ces révolutions ne se sont cimentées qu'avec le tems, et surtout avec le sang des hommes ; il a fallu l'expérience de mille siècles, et la chute de mille trônes, pour arriver du règne du premier pere de famille, au Code de la Convention Anglaise sous le prince d'Orange, d'où a résulté le gouvernement le moins imparfait, dont s'honore un siècle de lumières.

Mais quelqu'ordre qu'on adopte dans le Cycle de ces gouvernements, il faut toujours reconnaitre, que tous ont pour tige la monarchie primordiale du pere de famille, et qu'ils reposent également sur la base du Pacte Social.

Convaincus par la raison de l'homme, et par l'excellence de sa morale primitive, que l'ordre a précédé le désordre, et la loi l'abus de la loi, malgré le silence de presque tous les gouvernemens anciens et modernes, sur la convention, qui leur a donné les droits de la souveraineté, nous reconnaissons qu'il n'existe aucun pouvoir légitime, sans une convention antérieure qui l'a organisé, et nous rejettons, comme indigne d'un siècle de lumières, toute législation qui ne repose pas sur le Pacte Social.

Le Pacte Social est né de l'idée morale,

morale, que le bonheur individuel n'a point de base, s'il n'a pour garant le bonheur de tous.

Il n'a pu avoir lieu, que par l'abandon que chaque homme, qui prétendait au titre de citoyen, a fait de sa volonté particulière, pour laisser parler la volonté générale, et par sa renonciation à l'usage de sa force personnelle, pour donner plus d'énergie à la force publique destiné à le protéger.

Il consiste à remettre, entre les mains du représentant du souverain, la réunion de toutes les volontés et de toutes les forces individuelles, à condition qu'il n'en fera usage que pour assurer les propriétés de l'homme, l'harmonie entre l'état et le citoyen, et, autant qu'il est en lui, la paix avec l'univers.

Le souverain, dans tous les siècles et dans tous les pays du globe, n'a jamais pu être que la nation assemblée; nous regardons cette vérité d'un ordre majeur, comme la clef de tous les gouvernements.

Le souverain, dans les sociétés primordiales, a été représenté par un pere de famille, et c'est avec lui que la nation a transigé pour le Pacte Social.

Le gouvernement primitif ne suppose pas essentiellement un monarque et des sujets, encore moins un despote et des esclaves, mais l'interpréte d'un état libre, et des citoyens.

L'interpréte d'un état libre ne pouvait remplir les clauses du Pacte Social, s'il n'était en même temps le dépositaire de tous les pouvoirs : il fallut donc créer un titre nouveau, pour désigner le représentant de toutes les volontés et de toutes les forces, et le père de famille devint roi.

Des rois abusèrent, et le souverain partagea la royauté entre plusieurs représentants, ce qui constitua l'aristocratie: des aristocrates conjurèrent contre les citoyens, et la multitude voulut gouverner par elle-même: ce qui donna naissance à la démocratie; mais quelque titre que l'organe d'une nation ait reçu ou usurpé, qu'il soit roi, président d'un sénat, ou tribun du peuple, s'il se dit souverain, il outrage les hommes dont il tient son pouvoir, et calomnie la raison.

La philosophie a réfléchi sur le vice radical des gouvernements simples : elle a vu que la royauté conduisait au despotisme, l'aritocratie a une tyrannie sourde et intolérable, l'état populaire à l'anarchie : alors elle a imaginé les gouvernements composés, ou les administrations se surveillent, ou les pouvoirs se balancent; et ce mode perfectionné de régir les hommes n'a rien changé aux éléments primitifs de l'organisation sociale : toujours la souveraineté a residé dans les membres réunis de la grande famille : et les agents du pouvoir n'en ont eu que la repré-

sentation; toujours les administrateurs n'ont commandé, et les citoyens n'ont obéi qu'en vertu du Pacte Social.

Lorsque le représentant du souverain se fait souverain lui-même, lorsqu'il annulle par la tyrannie de ses loix, le Pacte Social, ses peuples rentrent de droit dans leur indépendance naturelle, et il y a insurrection.

TITRE IV.

DE L'INSURRECTION.

TRIBUNS du peuple, membres des sociétés de Constitution anti-Constitutionnelles, hommes de lettres qui propagez des doctrines incendiaires, vous tous qui, en organisant la Patrie, sans son aveu, remplacez le fléau du despotisme par le fléau bien plus dévastateur de l'anarchie, j'aime à croire qu'il y a dans votre sein des hommes vertueux, dont l'exagération des principes égare seule le civisme : écoutez l'homme paisible et droit, dont la logique voudrait parler à votre cœur encore plus qu'à votre entendement ; c'est à vous que j'addresse cette théorie de l'insurrection : théorie, sans laquelle tout empire qu'on régénère ne fait que se bouleverser, théorie qui devrait se montrer à la tête de toutes les législations, et dont, par l'insouciance des hommes d'état, on n'a rencontré jusqu'ici les éléments que dans quelques pages de *Ma République*.

L'insurrection, (si on examine

ce mot dans toute la rigueur de l'acception philosophique,) est le droit donné à l'homme par la nature, de s'élever contre tout ce qui contrarie sa pente vers le bonheur, en dégradant sa morale.

Le privilège que l'homme individuel tient de la nature, les grandes sociétés politiques le tiennent du Pacte Social.

Quand un empire est mal, il tend par une pente invincible, où à périr où à être mieux; si ce sont les hommes de bien qui conjurent contre des institutions perverses, l'harmonie se rétablit dans la société, et l'empire se régénère : si ce sont des hommes pervers, ils jettent l'état lui-même hors de la société, et l'empire est anéanti.

Mais après avoir jetté ces axiomes, dans des esprits assés mûrs pour les recevoir, il faut examiner ce grand problême philosophique, sous un autre point de vue ; il ne suffit pas de s'adresser aux législateurs des états qui s'organisent, il faut encore parler à la multitude qui obéit, dans les états déjà organisés.

L'insurrection est le fer ardent,

qui cicatrise les blessures profondes d'un état qui se dégrade; mais ce remède même est un mal. Ainsi que dans les blessures du corps physique, il est bien sûr que le fer ardent tourmentera le malade ; mais il est très incertain qu'il le guérira.

Il suffit de se bien pénétrer des élémens de l'organisation morale de pareils états, pour se convaincre, qu'après le malheur d'exister, le plus grand fléau qui puisse les atteindre, est celui d'une insurrection.

La philosophie ne connait que

deux agents pour organiser un état ; le pouvoir , c'est-à-dire le ministère de la loi ; et la force , c'est-à-dire les bras aveugles de la multitude.

Or le pouvoir , dans l'origine des sociétés , n'ayant été imaginé que pour prévenir les attentats de la force , il est bien évident que c'est ramener au cahos de l'anarchie primordiale , que de recourir à la force , pour anéantir l'influence du pouvoir.

Sans doute il est de la dignité de l'homme , quand le pouvoir abuse avec audace, de l'étonner

par

par l'attitude de la résistance ; s'ensuit il que dissoudre la morale des états, soit un moyen sûr de les ramener aux éléments du Pacte Social ?

Le pouvoir qui abuse, pendant le règne des loix, représente le pere de famille primordial, qui frappait ses enfants, avant l'organisation sociale; de part et d'autre, la résistance, quelque juste qu'elle paraisse, s'offre sous un aspect odieux; il est affreux de se défendre soit contre la Patrie, soit contre son pere, de ne recouvrer les prérogatives de l'homme, qu'en cessant d'être fils ou citoyen.

Montesquieu a dit, que dans les occasions, où le sage s'élevait audessus des loix, c'était la statue des dieux qu'on couvrait d'un voile : mais quand il y a de la vertu à s'élever au dessus des loix, c'est encore un grand malheur de voiler la statue des dieux : de ces dieux, qui, dans l'absence du pouvoir tiennent lieu des loix á la multitude.

Je craindrais donc de m'énorgueillir, même d'une insurrection qui me rendrait heureux ; je me rappellerais sans cesse, que je n'ai acheté mon patriotisme, qu'en conjurant contre la Patrie, et cette idée déchirante pour ma sensibilité, empoisonnerait ma jouissance.

Et si le succès d'une insurrection en amenait d'autres à sa suite, je ne pourrais me défendre du plus sinistre pressentiment; car les états à demi cangrenés ne s'accoutument pas à des crises dangereuses, comme Mithridate à ses poisons; une première insurrection revivifie, pour un moment, un empire épuisé à la fois par le mal et par le remède, et la seconde le met à mort.

Notre monarchie ne s'honore point d'avoir été organisée par la conquête, mais elle se fait gloire d'avoir été revivifiée par l'insurrection des lumières.

L'insurrection, n'étant par elle même que la désorganisation du pouvoir légitime, pour le ramener à ses élémens ; il importe à la dignité d'une nation, qui s'est régénérée, en détruisant l'acte qui lui tenait lieu de Pacte Social, de ne laisser aucun nuage sur la pureté de ses motifs, et sur-tout sur la sagesse de ses moyens ; elle est responsable envers l'Europe qu'elle étonne, et envers les siècles qu'elle éclaire : si sa doctrine était suspecte, si même le bien qu'elle s'est fait ne s'était opéré qu'à l'aide des factions, l'insurrection, qui la rend heureuse, ne serait, aux yeux de la raison, qu'un crime à expier.

DIVISION I.

DES ATTENTATS DU POUVOIR, QUI LÉGITIMENT L'INSURRECTION.

Considérant, que l'acte, par lequel le citoyen s'élève contre le pouvoir établi par les loix, est encore un malheur, quand il n'est pas un crime.

Qu'il n'y a qu'une faible nuance, aux yeux de la philosophie, entre l'attentat de la révolte et l'héroïsme de l'insurrection.

Qu'il importe infiniment à l'harmonie intérieure des états, que, sous prétexte de redresser le pouvoir, des perturbateurs ne s'arrogent pas le droit de faire germer, au sein de la Patrie, des fruits de discorde et d'anarchie.

La nation va tenter de fixer,

quels sont les crimes du pouvoir, qui autoriseront aux yeux de sa morale, l'eclat terrible d'une insurrection.

Les peuples etant essentiellement souverains, tout individu couronné, tout senat de despotes, toute assemblée nationale populaire, qui, sans leur aveu solemnellement exprimé, s'arrogent le pouvoir souverain, en conspirant ainsi pour detruire le Pacte Social par sa base, appelient sur eux l'insurrection.

Tout peuple qui, dans un siècle de barbarie, aurait aliené sa souveraineté, en la transportant, d'une manière indéfinie, à un roi ou à un corps de rois, ne sçauroit obliger, par cet acte de démence, les générations à naître. Il n'y a point d'époque dans l'âge d'une monarchie où une nation, éclairée sur ses droits primitifs, ne puisse légitimement demander la révocation d'un acte, qui la condamne à une éternelle minorité; et si le pouvoir s'y refuse, elle peut se faire justice elle-même, à l'aide d'une insurrection.

Tout état qui n'a point de Constitution, a droit d'en de-

mander une, de la tracer, avec le concours du pouvoir, si celui-ci veut devenir légitime, ou sans son concours, s'il ose faire valoir, en faveur de son despotisme, le droit absurde de prescription ou le droit féroce de conquête.

Tout état qui a une Constitution, evidemment contraire aux élémens du Pacte Social, a droit de demander compte de sa dégradation à un pouvoir usurpateur; et si celui-ci persiste à le tenir courbé vers la fange, il peut se remettre debout, par le moyen d'une insurrection.

Une Constitution est contraire

au Pacte Social, lorsqu'elle crée un juste et un injuste, d'après un autre regulateur que la conscience : lorsqu'elle met en opposition la morale de l'homme individuel avec celle de l'etat, et la morale de l'etat avec celle de l'univers : lorsqu'après avoir condamné le citoyen à une obéissance passive, elle le place sans cesse entre la loi et la nature.

Les outrages faits par la loi au Pacte Social autorisent d'autant plus la desobéissance, que les grandes societes n'existant qu'en vertu de ce Pacte, du moment qu'il est rompu, le ma-

gistrat et le peuple se trouvent comme deux ennemis en présence, combattant l'un avec le glaive du despotisme, et l'autre avec celui de l'insurrection.

Lorsqu'un empire s'honore d'un code, fondé du moins tacitement sur le Pacte Social, l'état de guerre est moins indiqué, par la philosophie, entre les citoyens et le pouvoir : cependant il est un ordre d'attentats de la part de ce dernier, qui seraient de nature à légitimer l'insurrection.

Si un monarque, en vertu de la force publique dont il dispose, se joue avec audace du sang, de l'honneur et des proprietes de ses sujets. il peut y avoir du péril, mais surement il y a de la vertu à lui désobeir.

Le Pharaon qui dévoua cinquante mille Egyptiens à une mort assurée. pour vaincre la nature, dans l'erection d'une frivole pyramide. Louis neuf. qui, pour recevoir des papes un brevet de sainteté. faisait perir toute sa noblesse aux Croisades, Louis XIV, qui. pour faire du culte le plus intolerant. une religion nationale, signait froidement cette révocation de l'édit de Nantes, qui couta à la France l'exil ou la mort de deux cents mille hommes, tous ces despotes, dis-je, en se permettant de pareils actes de démence et de férocité, deliaient les peuples de leurs sermens, et appellaient sur leurs têtes l'orage de l'insurrection.

Il est des peuples, voisins de la nature, pour qui l'honneur est plus cher que la vie : là, quand le représentant du souverain, a la maladresse de blesser les mœurs, il perd de droit son privilège d'inviolabilité : le complot d'Appius, pour la prostitution de Virginie, amenait de droit dans Rome République, la chute du Décemvirat.

Il existe aussi une classe de grands délits contre la propriété, qui provoqueraient une insurrection légitime : tels seraient des impôts désastreux, destinés à nourrir l'orgueil d'un trône avec la misere des sujets : un édit de proscription, dicté par la haine, qui frapperait une classe entiere de citoyens, pour payer la dette d'une nation, avec les dépouilles de ses victimes.

On jugera toujours d'une

manière saine quels sont les attentats du pouvoir, qui justifient le droit terrible de le renverser, quand on se pénétrera de ces maximes éternelles : que la conscience éclairée ne doit jamais plier au gré du despote, que la morale est antérieure à toutes les conventions sociales, et qu'on est homme avant d'être citoyen.

DIVISION II.

DU MODE DE L'INSURRECTION.

Quelqu'évidents que soient les

attentats du pouvoir, comme l'acte qui les punit n'annonce que le sommeil effrayant de l'organisation sociale, il importe à la dignité d'un peuple, de justifier son audace, en employant un mode d'insurrection, qui atteste sa justice et sa générosité.

Du moment qu'un état compte dans son sein des philosophes, il ne doit y avoir d'insurrection avouée par la vertu, que celle qui doit sa naissance aux lumières.

L'effet de la philosophie, dans

un etat qui s'éclaire, est d'anéantir toute autre force que la force publique, destinée à protéger à la fois la multitude et le gouvernement.

Un tel état réunit deux mobiles qui se contrebalancent, les lumières et le pouvoir : c'est au législateur à statuer jusqu'où doit s'étendre leur influence : a prononcer : ici le pouvoir cédera aux lumières, là les lumières céderont au pouvoir.

En général, une nation qui a la conscience de ses forces, ne doit conjurer contre son gou-

vernement qu'avec la raison et la morale.

La première des insurrections serait celle où la raison paraîtrait seule et non les hommes.

On pourrait admettre, dans le second rang, celle où la raison et l'épée agiraient de concert : où, pendant que la philosophie éclairerait toute la difformité du despotisme, le citoyen instruit des endroits faibles qui appellent ses coups, s'armerait pour le renverser.

La dernière des insurrections

serait celle où les lumières ne joueraient qu'un rôle secondaire; où la raison, cachée derrière la scène, se contenterait d'imprimer un premier mouvement à des millions d'automates.

Quelque soit le mode d'une insurrection, il doit être pacifique, comme la raison dont il émane : la raison ne dissout un moment les liens de la société, que pour les resserrer ensuite davantage : elle ne s'ouvre que malgré elle une route au travers des ruines, et quand elle a passé, ces ruines ne sont plus.

On pourrait réduire à quatre

points de vue, l'art d'épurer le mode des insurrections.

Se rappeller que ce n'est point en faisant couler le sang humain, qu'on conjure pour améliorer l'homme, la patrie et l'univers.

N'admettre parmi de si augustes conspirateurs, que le génie qui projette, et la vertu qui exécute.

Prendre garde de prolonger, plus d'un instant, l'anarchie tutélaire qui doit régénérer une monarchie.

Ne faire intervenir l'épée pour

empêcher le pouvoir d'abuser, qu'affin de rendre, après le retour de l'ordre, l'énergie et la majesté au pouvoir.

DIVISION III.

DES AGENTS D'UNE INSURRECTION.

Quand une grande nation conjure, pour changer le gouvernement qui l'a dégradée, elle ne choisit que des complices, qu'elle puisse avouer auprès des siècles; affin d'imprimer à une trame contre ses propres représentants; le sceau d'une révolution di-

gne d'une éternelle mémoire.

On peut se servir de trois classes d'hommes pour opérer dans un état un nouvel ordre de choses : du peuple, ou bien de la partie de la nation qui est inaccessible aux lumières : des grands qui tiennent à une administration perverse, ou de la partie qui redoute les lumières : enfin de la classe intermédiaire, c'est-à-dire de celle qui reçoit et cherit les lumières.

Les états se régénèrent rarement par les hommes qui vivaient des desordres de l'administration : aussi les peuples qui font intervenir les ennemis des lumières dans leur lutte contre le pouvoir, ne font que changer de tyrannie ; des grands ne brisent guères le despotisme, que pour en créer un nouveau : on peut trouver parmi eux des conjurés, mais non des législateurs.

L'erreur des nations est encore plus terrible, quand elles déchainent contre le pouvoir une multitude inaccessible aux lumières : avec des agents aussi aveugles, on mutile la Patrie, mais on ne la remet pas debout : cette horde populaire peut four-

nir des rebelles, mais non des régénérateurs.

Ce n'est qu'avec la seconde classe de l'état, avec ces citoyens paisibles, qui n'ont ni les préjugés du peuple, ni la perversité des cours, qu'on peut entreprendre de grandes choses en politique et les exécuter; il est beau de voir des hommes, qui vont par les lumières à la vertu; aux prises avec le pouvoir: et cette lutte magnanime est la seule qui mérite le beau titre d'insurrection.

Notre nation statue, que toutes

toutes les fois que les ressorts de son gouvernement auront besoin d'être remontés, elle ne le sera qu'à l'aide d'une insurrection.

Et les agents de cette insurrection, ne seront que la classe intermédiaire de ses citoyens, affinde ne point régénérer l'état, avec le déspotisme ou avec l'anarchie.

Ainsi elle déclare coupables d'une erreur, faite pour influer sur la destinée de plusieurs millions d'hommes, les mobiles d'une révolution, qui voudraient l'opérer avec des grands, qui tiennent à une administration perverse, et qui n'existent que par les désordres qu'entraîne cette perversité.

Elle déclare surtout coupables du crime de lèze-Patrie, tout perturbateur, qui ne tente de revivifier une monarchie, qu'avec les bras d'une multitude, à qui on ôte son frein : qui apprivoise un peuple, naturellement sensible et bon, avec les meurtres et le carnage, pour que le sang humain devienne pour lui un second élément, et qui prépare ainsi un siècle de désastres et de crimes ;

pour punir un trône, qui n'est plus que l'ombre de lui-même, de quelques abus du pouvoir.

DIVISION IV.

D'UN TRIBUNAL DESTINÉ A JUGER LA LÉGITIMITÉ DES INSURRECTIONS.

Il n'est pas bon, que des hommes d'état, qui conjurent pour donner une nouvelle forme à la tyrannie, qu'une multitude aveugle, qui ne s'arme contre le pouvoir, que pour secouer son dernier frein, puissent honorer leur complot contre la Patrie, ou leur révolte, du beau titre d'insurrection.

Il n'est pas bon, que le citoyen paisible qui, réduit à la défense naturelle, a lutté avec péril contre un pouvoir oppresseur, incertain sur la nature de sa résistance, n'apprenne que par le succès, si l'insurrection qu'il a provoquée, est un délit ou un acte de vertu.

Il n'est pas bon surtout, que les artisans des discordes publiques, sous prétexte de régénérer un état avec des insurrections, se permettent à chaque instant de déchirer le sein de la Patrie, et de substituer au règne pacifique de la loi, les convulsions toujours renaissantes de l'anarchie.

D'après ces principes, la nation souveraine érige un tribunal toujours subsistant, pour juger en dernier ressort de la légitimité des insurrections.

Ce tribunal sera com[illegible] de treize membres: les Gr[illegible]ats en choisiront trois dans leur sein; le roi en nommera un pareil nombre; six autres seront élus par autant de départements et le dernier, choisi par le tribunal même, en aura la présidence.

Le tribunal d'insurrection sera renouvelé, à chaque mutation des Grands-États, et les six membres du choix des citoyens, seront élus par les six départements qui suivront, suivant l'ordre alphabétique du tableau.

Si l'insurrection, qu'on soumet à l'examen, a été dirigée contre le trône, les trois membres que le roi a nommés, perdront, pendant toute la discussion de la cause, leur voix délibérative ; mais ils siégeront avec leurs col-

légues, pour défendre le monarque accusé, et empêcher que les préventions de la haine publique n'influent sur son jugement.

Les juges étant, par cette disposition, réduits au nombre de dix, le président, en cas de partage d'opinion, aura deux voix

Si l'insurrection a eu pour objet la tyrannie des Grands-États, en place à cette époque, la même marche sera observée, par rapport aux trois membres de leur nomination : mais s'il ne s'agis-

sait que d'un délit de l'assemblée précédente, les trois juges élus par la nouvelle, conserveront leur droit de délibérer.

Le tribunal tiendra ses séances publiquement : mais il n'y aura que les députés des Grands-États, les ministres et les administrateurs en place qui pourront y assister.

Si les hommes, qui se sont armés pour briser le pouvoir, sont déclarés coupables, on déployera toute l'énergie de la force publique pour les livrer à la rigueur des loix : si le tribu-

nal trouve leur cause juste, une couronne civique qu'il leur décernera sera leur récompense.

Le jugement qui interviendra sera gravé sur une colonne, érigée dans le lieu où se sera opérée l'insurrection.

En établissant un tribunal destiné à juger les luttes de la force contre le pouvoir, nous n'oublierons pas que, chez tous les peuples qui s'honorent de l'influence des lumières, il existe, sous le nom de liberté de la presse, une insurrection continue qui, ne s'appuyent que sur les armes pacifique du genie, doit, si elle est bien dirigée, rendre inutiles à la longue toutes celles qui demandent le concours de l'épée et l'irruption aveugle de la multitude.

TITRE V.

DE LA LIBERTÉ DE LA PRESSE.

AU GRAND SEIGNEUR.

Despote, car je ne te dois que le titre qui te désigne à la philosophie, titre dont un sage couronné rougirait, mais dont ton orgueil se glorifie.

Tu as fait vingt ans mes malheurs ; maintenant que je respire loin de ta tyrannie, je vais te punir en te disant la vérité ; c'est à t'éclairer que je borne ma vengeance.

Tu as défendu, sous des peines capitales, l'imprimerie dans ton empire ; et c'est raisonner avec justesse : car le jour où les Musulmans commenceront à lire, tu seras détroné.

Malheureusement pour les princes absolus, la presse ne s'enchaine que pour un tems. L'art de communiquer sa pensée, de manière qu'elle aille frapper l'o-

reille

reille de l'homme, à tous les ages, et sur tous les points de la surface du globe, cet art consolateur et terrible, ne sçaurait influer sur la destinée d'un peuple, sans préparer peu à peu la régénération du monde ; et malheur aux états, qui auront tenté d'en retarder les progrès! aussi actif et aussi varié dans ses effets que l'élément du feu, il brûlera les trônes réfractaires, pendant qu'il se bornera à éclairer ceux qui auront appellé les lumières.

Je voudrais bien sçavoir, quand ton trône absolu te donne le droit de tout entreprendre contre des esclaves, comment la raison, qui est essentiellement libre, ne donnerait pas à l'homme qui obéit, le droit de tout juger?

Le prince, qui veut circonscrire l'intelligence humaine, ressemble à ce tyran de l'Angleterre, qui, assis sur le bord de la mer avec ses adulateurs, s'étonnait de ce que les vagues ne reculaient pas à sa voix. Pendant que l'ennemi de la presse ordonne à la raison de disparaître, celle-cy, comme une vague impétueuse, s'élance et l'engloutit.

Des loix impossibles n'annoncent que le délire du législateur; comment donc obéir au despote qui nous défend de penser, lorsqu'en naissant nous en avons reçu l'ordre de la nature?

Si on ne peut pas plus mettre des bornes à la pensée qu'à l'air qu'on respire, l'esprit humain tendra toujours, par une pente invincible, à propager cette pensée, soit par la parole, qui ne laisse que des traces fugitives, soit par l'écriture, plus durable. mais que le despotisme peut anéantir, soit enfin par l'imprimerie qui donne à ses monuments le sceau de l'éternité.

L'imprimerie est un mode d'insurrection, inconnu à presque toute l'antiquité ; cette réformatrice austère de tous les abus, marche à pas de géant, et avant un siècle elle aura envahi toute l'Europe.

Tremble Sultan ; malgré ta religion qui consacre l'ignorance, malgré les décrets de ton divan et le cimeterre de tes eunuques, les livres des sages pénétreront tôt ou tard dans l'enceinte de tes tours : tes peuples sortis de leur longue minorité, te demanderont les titres en vertu desquels tu les gouvernes, et ils les anéantiront, s'ils n'ont pas pour base le Pacte Social.

Sans doute, sans le frein des loix, la liberté de la presse peut devenir le fléau des meilleurs gouvernements; mais l'abus d'un bien n'en doit pas faire interdire l'usage : presque partout, le trône écrase les peuples, et la terre a besoin de rois : en tout tems les prêtres se sont faits dieux, et la terre a besoin d'une religion.

La liberté de la presse est essentielle au bonheur des hommes, parcequ'il est essentiel qu'il y ait toujours, au devant de la Patrie, des sages en sentinelle, qui avertissent les peuples des atteintes qu'on menace de porter à la loi, soit par ignorance soit par perversité.

Cette liberté tutélaire prévient ou dévoile, les crimes de ces hommes superbes que les nations souveraines ont nommés leurs représentans, et s'ils persistent dans leurs complots contre la félicité publique, elle éternise le sceau de l'opprobre sur le front de ces grands conspirateurs.

Sultan, tu t'indignes sans doute, de ce que descendu de conquérants farouches qui ne reconnaissaient de droit que celui de l'épée, je te propose indirectement de descendre du trône, pour capituler avec tes sujets : mais apprens que, grace à la liberté de la presse, avant qu'un siècle s'écoule, les souvèrains, par la grace de dieu, ne le seront plus que par la grace de leurs peuples ; et quelqu'odieuse que soit l'idée que tu te fais de la dépendance des têtes couronnées, sache que, sans les chaînes que les loix imposent à leurs interprêtes, il n'y aurait en ce moment sur le globe aucun roi légitime.

I 4

AU PRESIDENT

D'UNE PRÉTENDUE

ASSEMBLÉE NATIONALE.

Je viens d'écrire au Sultan de Constantinople, sur la liberté de la presse, et j'écris maintenant sur sa licence, au chef de la première des Sociétés de Constitution. J'ai voulu faire entendre de part et d'autre une vérité importune, et la faire entendre également à des despotes.

Je désirais depuis long-tems de

connaitre par moi même une Société organisée, sans l'authorisation du pouvoir, en assemblée nationale, qui faisait parler la Patrie sans son aveu, qui, fière du machiavélisme Jésuitique, avec lequel elle s'était affilié, dans la monarchie, vingt mille congrégations, qui avaient adopté son uniforme et son drapeau, créait les administrateurs, les ministres d'état, et menaçait de faire des rois : mon attente fut remplie, et le onze de mai je fus introduit, sous vos auspices, dans l'assemblée, pour y entendre un des régénérateurs de la France, prononcer, sous le nom de discours en faveur de la liberté de la presse, l'apologie la plus insensée des libelles.

Il n'y avait, dans cette Catilinaire contre la morale, ni logique ni civisme ; et elle fut applaudie, avec le même enthousiasme, que le parterre de l'ancienne scène Française, prodiguait au vieux Crébillon, quand ses héros blasphèmaient en vers harmonieux contre la vertu.

« La liberté de la presse, dit « l'orateur, doit être entière et « indéfinie, ou elle n'existe pas.

C'est avancer, en d'autres termes, que ce n'est que par l'abus d'un art, que la raison peut en constater l'usage ; c'est dire que, l'homme n'est libre, que quand il assassine ou qu'il se tue.

Le systême d'une liberté entière et indéfinie, est à la fois un délit et une absurdité : c'est un délit, parceque tout citoyen a fait le sacrifice de sa liberté individuelle, par le Pacte Social : c'est une absurdité, parceque, dans l'hypothèse, chaque liberté indéfinie se trouvant brisée par toutes les autres libertés indéfinies, le néant en serait le résultat.

L'homme social n'est vraiment libre, d'une manière indéfinie, que par la pensée ; mais c'est uniquement parceque la pensée, étant inaccessible aux regards du magistrat, la loi ne sçaurait l'atteindre.

Lorsque cette pensée se manifeste par la parole, elle devient susceptible de moralité, et la loi pouvant l'atteindre, a droit de la juger.

De là, la puissance que le Pacte Social donne au magistrat, de punir tout discours incendiaire, qui tend à souffler la révolte et à briser les nœuds du gouvernement : droit sacré, dont on a joui, chez tous les peuples, où une société illégale n'a pas envahi tous les pouvoirs, et où l'on n'a pas réduit en système raisonné les fureurs de l'anarchie.

Si c'est par la voye de l'écriture, que la pensée de l'homme dépravé se décèle, les traces de son délit devenant plus durables, que quand il ne fait usage que de la parole, il est de l'essence de toute bonne économie sociale, d'appesantir sur sa tête la peine due aux pertubateurs.

Les délits deviennent infinis

ment plus graves, quand une pensée coupable se manifeste par la voye de l'impression ; quand le sophiste au cœur faux et à l'intelligence dépravée, peut froidement, de son cabinet, briser tous les freins qui liaient l'homme social à la loi et à la vertu.

C'est le dernier période de l'extravagance humaine, que d'écarter du Code pénal, les délits qui dérivent de la liberté indéfinie de la presse ; de prétendre l'ordre social blessé, parcequ'on n'est pas afilié à une secte, où qu'on change les couleurs d'un ruban, et de le déclarer intact à lorsqu'un sophiste sans principe va, dans un livre effrené, attaquer la morale, semer dans les gouvernements les plus sages des fruits de discorde, et empoisonner dans leur germe la conscience des générations.

« Priver un homme du bien-
« fait de la liberté indéfinie de
« la presse, pour empêcher qu'il
« n'en fasse un mauvais usage,
« ou bien enchaîner sa langue,
« de peur qu'il ne calomnie, ou
« lier ses bras, de peur qu'il ne
« les tourne contre ses sem-
« blables, tout le monde voit
« que ce sont là des absurdités

« du même genre. Cette métho-« de est tout simplement le se-« cret du despotisme, qui pour « rendre les hommes sages et « paisibles, ne connait pas de « meilleur moyen que d'en faire « de vils automates.

Ce sophisme, tout couvert qu'il a été d'applaudissements, n'en est pas moins une insulte à la logique et à la morale.

Le despotisme le plus effrené n'a jamais songé à enchaîner la langue de l'homme, où son bras, afin qu'il ne calomnie ni n'assassine : mais, dans tout gouvernement qui repose sur le Pacte Social, il y a eu des loix pour prévenir la calomnie ou l'assassinat ; et quand ces loix ont été violées, l'état a sévi contre les infracteurs ; ce qui n'est rien moins qu'une absurdité.

Il en est de même de la liberté de la presse : jamais dans un gouvernement où l'homme s'honorera du nom d'homme, et l'état du titre de Patrie, on ne rendra la presse esclave ; mais on y établira des loix fermes à la fois et circonspectes, pour que tout citoyen réponde de l'abus qu'il a fait de ses lumières ; pour qu'il ne soit pas permis au sophiste d'assassiner avec sa plume, comme le brigand avec son poignard; et assurément ce n'est point là une absurdité.

Le despotisme des rois absolus, dans la vue de rendre l'obéissance uniforme, à souvent changé les hommes en automates, et c'est un très grand mal. Mais ce serait un fléau, qui entraînerait des désastres bien plus incalculables, si le despotisme des patriotes perturbateurs, dans le dessein de rendre la licence uniforme, faisait, de la liberté indéfinie de la presse, la loi fondamentale d'une monarchie.

« Dans aucun cas, l'ordre so-
« cial ne peut être compromis,
« par l'impunité d'un ouvrage
« qui aurait conseillé un délit.

Les décrets d'un Divan m'ont apprivoisé avec les maximes les plus absurdes, que l'idée d'avilir l'homme ait fait naître aux agents du pouvoir absolu; mais j'avoue que cette phrase du panégyriste des libelles, l'emporte encore en déraison et en audace.

Existe-t-il un ordre social, que l'impunité d'un délit ne compromette pas, quand les sociétés ne se sont organisées, que pour ne laisser impuni aucun délit des perturbateurs ?

Quoi ! dans tous les ages, et chez tous les peuples, aucune bouche ne se serait ouverte impunément pour conseiller un crime : et la plume d'un sophiste, bien plus dangereuse, parceque son poison se propage, le conseillerait, sans partager le danger de la complicité !

Observons que, par ce mot terrible, DANS AUCUN CAS, l'orateur de l'anarchie semble arracher à la vengeance des loix, je ne dis pas à l'indignation publique, les instigateurs des plus grands attentats, qui ayent souillé les fastes de l'histoire : qu'il a suffi à Néron et à Charles IX, pour être absous, l'un de publier les raisons d'état qui le portaient au parricide, l'autre de faire une apologie oratoire de la saint Barthélemy.

Je vais reposer mon ame flétrie, en transcrivant quelques loix, sur le frein à donner à la licence de la presse : loix courageuses à la fois et circonspectes, que des Clubs peuvent proscrire, mais que la raison de l'homme de bien ne sçaurait désavouer.

La nation, régénérée par les lumières, et ne voulant pas perdre le fruit, sans cesse renaissant, de ce grand bienfait, déclare solemnellement la presse libre, dans toute l'étendue de la monarchie.

Elle regarde cette insurrection toujours subsistante, si elle est bien dirigée, comme le frein le plus puissant, pour réprimer toutes les forces illégales, pour briser toutes les tyrannies, pour empêcher les Grands-États d'usurper sur le trône, et le trône d'envahir tous les pouvoirs.

Nous invitons donc, au nom de la Patrie, tous les hommes de génie vertueux, qu'elle renferme dans son sein, de consacrer leur plume à perfectionner son Code, et de veiller au maintien de l'harmonie entre toutes les parties du gouvernement.

Nous authorisons le citoyen éclairé à écrire en tout temps contre nos loix fondamentales, eussentelles la sanction du trône, s'il s'en trouve, qui portent évidemment atteinte à la vérité, à la morale de l'homme et au Pacte Social.

Nous l'engageons à critiquer avec courage notre Code réglementaire, jusqu'à l'époque où il sera revisé, pourvu que la censure soit décente, et qu'elle ne fomente pas, dans une multitude sans frein, l'esprit de rebellion.

Mais une grande monarchie organisée, depuis plusieurs siècles, n'est pas peuplée de sages; et, s'il ne faut que des conseils, à l'homme éclairé qui veut servir

la

la Patrie, il faut un frein à l'homme pervers qui veut la renverser.

La presse libre, pour les têtes exaltées des hommes qui ne sçavent pas être citoyens, peut faire encore plus de mal, que la presse enchainée, sous le règne des despotes.

L'impunité enhardirait l'homme envieux des talents et des places, qu'il n'a pas, à calomnier tous les administrateurs, à assaillir toutes les renommées, depuis le trône jusqu'à l'azile obscur du sage.

On verrait l'être dépravé, dont l'ame est éteinte ainsi que les sens, inonder les capitales d'écrits licentieux, pervertir dans leur germe les générations à naître, et vivre de la dégradation des principes et des outrages faits à la morale.

Des artisans des discordes publiques pourraient soulever par des manifestes, un peuple inquiet et crédule ; ils pourraient, dans leurs déclamations envenimées ; remplissant les esprits de soupçons injustes et de haines, entraver la marche du gouvernement : ils pourraient, sous pré-

texte d'eclairer l'état, le mettre à mort.

D'après ces considérations, la nation se détermine à soumettre à des loix, la manifestation de la pensée, par la voye de l'impression; cherchant, dans le mode qu'elle adopte, à donner la plus grande extension de liberté au sage qui veut être utile, et le frein le plus efficace au méchant qui ne veut que nuire.

DIVISION I.

DE LA RESPONSABILITÉ DE L'HOMME DE LETTRES.

Tout ouvrage, de quelque na-

ture qu'il soit, ne pourra être imprimé légalement, à moins que l'auteur ne s'en rende le garant auprès de la Patrie : à cet effet, il remettra une déclaration, signée de sa main, au magistrat, qui en fera passer une copie légale au président du tribunal de l'insurrection.

Si l'homme de lettres est un citoyen domicilié, cette déclaration suffira ; sinon, il sera obligé de donner caution, pour assurer sa responsabilité.

Tout écrivain de feuilles périodiques, fera sa déclaration, le jour où il commencera son ouvrage, et celui où il l'abandonnera : il sera stipulé dans l'acte, qu'i répond non seulement de sa propre rédaction, mais encore de tous les articles qu'il permettra à une plume étrangère d'y insérer.

Le droit d'annonce dans les feuilles periodiques, appartient à l'homme de lettres : le droit d'affiche dans les rues et à la porte des monuments, dépend essentiellement des dépositaires de l'autorité publique : ainsi tout écrit affiché, qui n'émanera pas du magistrat, ou qui *n'aura pas son aveu, encourra à l'auteur ou à ses complices, la peine des perturbateurs.*

La loi jugera coupable du même délit tout écrivain, qui s'enveloppera des ténèbres de la clandestinité, ainsi que tout imprimeur, qui fera servir ses presses, à publier des écrits non autorisés, et tout libraire qui se permettra de les vendre.

Affin de conserver à l'homme de lettres un secret, dont il peut faire sa propriété, et de mettre à couvert de l'animadversion des loix, les artistes qui vivent des productions du génie, il y aura, dans les hôtels-de-ville, une salle ouverte au public, où sera affiché, mais sans nom d'auteur, le titre de tous les ouvrages, dont la déclaration aura été reçue par les magistrats.

La nation, en rendant la presse libre, sous la condition expresse de la responsabilité, n'excepte du privilège de la loy, que deux sortes d'ouvrages : ceux qui attaquent l'existence d'un Être-Suprême, et ceux dont la licence s'exerce sur les mœurs ; elle juge que des pro-

ductions aussi anti-sociales flétriraient jusqu'au gouvernement qui les protège, et elle place les propagateurs de l'athéisme et du Cynisme dans la seconde classe des perturbateurs.

DIVISION II.

DES TRIBUNAUX CHARGÈS DE REPRIMER LES DÉLITS DE LA PRESSE.

Trois sortes de causes peuvent naître des délits, occasionnés par la licence de la presse.

Ou bien l'auteur, pour frapper

sans danger une Constitution qui le blesse, ou des ennemis avec lesquels il n'aurait osé se mesurer, a conservé, malgré la loy, le voile de l'anonyme : et c'est à la police des villes, où on a imprimé le libelle, à punir ce délit de clandestinité.

C'est encore à cette police à poursuivre les livres d'athéisme, et les ouvrages contre les mœurs : car, dans de pareils cas, le délit est tellement à découvert, qu'il n'a pas besoin d'être discuté par les tribunaux ; cependant pour la sureté du citoyen, la poursuite ne se fera que, lorsque le *juré aura prononcé que le livre licentieux est dans le cas de la loy. La potèce n'aura pas besoin de l'intervention du juré, pour sévir contre le simple délit de clandestinité.*

Ou bien l'écrivain a signé son écrit diffamatoire; mais il y attaque seulement des hommes privés, qui ne tiennent à la considération générale que par l'opinion de leur vertu: et ce genre de délit doit être renvoyé aux tribunaux ordinaires, chargés de conserver l'honneur du citoyen, la plus auguste de ses propriétés.

Ou enfin, l'ouvrage, dont le patriotisme s'allarme tend, soit à dégrader des loix, sur lesquelles le bonheur public repose avec évidence : soit à flétrir les hommes en place, qui en sont les interprêtes; et du moment que le juré a prononcé qu'il y a lieu à accuser, la cause doit ressortir du tribunal de l'insurrection.

DIVISION III.

DES PRINCIPES SUR LES PEINES, DESTINÉES A REPRIMER LES DÉLITS DE LA PRESSE.

Les tribunaux ne doivent

point perdre de vue, d'un côté, que, lorsque la Patrie est en péril, il faut réprimer avec énergie la race odieuse des perturbateurs; de l'autre, que le sang répandu, sans une nécessité absolue, rend les mœurs d'un peuple féroces, ce qui est encore plus dangéreux que de lui donner de mauvaises loix.

Le tribunal de l'insurrection, le seul auquel seront portées les causes majeures sur la licence de la presse, se guidera surtout par des principes, que la raison, antérieure aux loix, ne puisse désavouer.

Il distinguera avec soin la liberté sur les choses, de la liberté sur les personnes.

La liberté sur les choses pourrait être à peu près indéfinie : car ce n'est que du choc des opinions que sort la vérité. Le mode seul, à cet égard, peut ne pas être indifférent : car il y a une manière incendiaire de discuter les loix qui, en fomentant la révolte, pourrait faire encourir à l'auteur de l'ouvrage la peine des perturbateurs.

La liberté sur les personnes, exige de la part des juges une théorie plus fixe, et, en cas de délit, une plus grande sévérité.

Partout où on veut que la loi soit honorée, il en faut faire respecter les interprêtes : ainsi tout fonctionnaire public est censé justifier la confiance de la nation, jusqu'au moment où la loi prononce qu'il a prévariqué; et ce n'est que sur sa responsabilité, que l'écrivain peut le traduire au tribunal de l'opinion, et le flétrir, autant qu'il est en lui, aux yeux de ses concitoyens.

A la tête des représentants

du souverain, il faut mettre le monarque. Comme par sa place il est inviolable, et que la responsabilité du trône n'atteint que le ministère, c'est un des premiers délits, dans l'ordre de la perturbation, de chercher à le rendre odieux. Tout écrit qui, surtout dans les temps d'anarchie, où le trône est avili, tend à compromettre sa vie publique, à troubler la paix intérieure de sa maison, doit donc être puni avec la plus grande rigueur; la loy ne doit aucun ménagement à l'homme vil, qui a voulu dégrader la tête du corps pa[illegible]

L 2

litique, et qui a profité du succès des émeutes populaires, pour le faire, avec toute l'audace de la lâcheté.

Les dénonciations imprimées contre les députés des Grands-États, contre les ministres et en général contre les hommes publics, demandent d'autant plus de circonspection de la part du tribunal, que n'étant juge naturel que des causes d'insurrection, il ne peut prononcer sur les délits des administrateurs; mais si l'écrit, qui flétrit l'homme en place, est motivé, un silence terrible de la part des juges sera leur réponse : si l'ouvrage n'est qu'un libelle, l'auteur, quelque soit son rang, sera coupable, au second chef, du délit des perturbateurs.

En général tous les délits, que fait naître la licence de la presse, peuvent être rapportés à la classe de la perturbation ; mais il doit y avoir une échelle qui gradue les peines, comme il y en a une qui gradue les crimes.

Le délit qui naît de la simple clandestinité, ne sçaurait être puni que par la confiscation de l'ouvrage et par des amendes.

Celui de la publication des livres, contre Dieu et les mœurs, demande en outre que le coupable, qui a voulu renverser toutes les bases de l'organisation sociale, soit flétri personnellement, et perde ses places et son titre de citoyen.

Le crime de perturbation au premier chef qui consiste, de la part de l'écrivain licentieux à soulever avec audace le peuple contre le pouvoir, à répandre, pour appeller le meurtre, des affiches incendiaires, exige le frein d'une peine encore plus reprimante : outre l'opprobre d'etre flétri solemnelement comme perturbateur, le coupable doit être arrêté sur le champ, pour voir instruire son procès : ensuite expier par une longue captivité son complot de révolte, lors même qu'il a été sans succès, et si le sang a été répandu, subir la peine de mort.

Le délit des libelles contre le monarque, dépend de la nature de l'outrage, et du danger où il expose sa personne; mais quelque leg re que soit la peine, elle entraine toujours l'opprobre, la perte des places et la captivité.

Tous les autres crimes des plu s licencieuses, semblent tenir particulièrement à la calomnie, et nous en allons établir le frein, dans l'érection de la Colonne des perturbateurs.

DIVISION IV.

DE LA COLONNE DES PERTURBATEURS.

La calomnie est le délit le plus ordinaire de la plume licencieuse des perturbateurs; mais comme elle n'attaque qu'un bien d'opinion, c'est par une peine d'opinion qu'il paraît juste d'en arrêter le débordement.

On érigera à cet effet, dans une des places publiques de chaque ville des départemens, une Colonne, gardée jour et nuit par des sentinelles, et qui, parce qu'elle constatera à la fois le délit et la peine, pourra porter le nom de COLONNE DES PERTURBATEURS.

Quelque soit le tribunal qui prononce, qu'un écrivain est atteint et convaincu de calomnie, le titre de l'ouvrage flétri sera imprimé en lettres noires, avec la dénonciation de calomniateur, et restera afiché sur la Colonne pendant trois jours.

Pendant cet intervalle, si l'écrivain condamné répare le mal de son libelle, s'il fait passer son désaveu dans tous les papiers publics, qui ont consacré son délit, l'affiche sera arrachée de la Colonne, et il ne restera plus de traces, ni du crime, ni de la peine aux yeux de la loy.

Si, malgré son jugement, le

coupable refuse son désaveu, ce ne sera plus le titre de l'ouvrage, mais le nom même de l'auteur, qui sera imprimé sur la Colonne, avec le titre de calomniateur : les caractères de l'affiche seront alors en rouge, et l'inscription restera six mois sur le monument.

Enfin il peut se faire que l'orgueil de l'auteur d'un libelle, plus fort que l'opinion publique dirigée par la loy, l'empêche encore, après six mois d'ignominie, de donner son désaveu ; alors le nom flétri sera gravé sur le monument en lettres d'or, et y restera jusqu'à la mort du calomniateur.

Si le livre, condamné par le tribunal, est anonyme, comme l'auteur est coupable de deux délits, de celui de la calomnie et de celui de la clandestinité, l'affiche vengeresse sera à l'instant imprimée en lettres rouges, et restera six mois exposée sur le monument ; à cette époque, si l'écrivain reste inconnu, et le mal sans être réparé, le titre de l'ouvrage flétri sera gravé en lettres d'or, et demeurera une génération, c'est-à-dire, trente trois ans, sur la Colonne.

Tout écrivain, dont le nom sera inscrit en caracteres rouges sur la Colonne, sera suspendu de ses places, et il les perdra tout à fait, ainsi que son titre de citoyen, s'il le laisse graver en lettres d'or sur le monument.

Il paraitra, deux fois le mois, sous les auspices du gouvernement et à ses frais, une notice imprimée de tous les ouvrages flétris par les tribunaux, qui renfermera aussi les rétractations et les désaveux. Cette notice sera envoyée dans toutes les villes, où l'authorité publique aura fait ériger des Colonnes.

TITRE VI.

DECLARATION DES DROITS.

Homme social, voici bientôt trente ans que j'ai consacrés à ta morale, et à l'étude de ton histoire : j'ai travaillé avec quelque courage, puisque, sous un despotisme dévorant, j'ai exposé ma tête ; j'ai travaillé avec quelque succès, puisque l'Europe est couverte des éditions de mon ouvrage : j'ai travaillé avec quelqu'utilité, puisque tant d'hommes, à qui il a été permis d'être vrais, ont avoué qu'ils étaient sortis de la lecture de ce livre, meilleurs peres, meilleurs amis, et meilleurs citoyens.

Personne n'a mis plus de bonne foy à chercher la vérité ; j'ai écrit contre des sectes dominantes ; j'ai dédaigné jusqu'aux partis qui offraient de se rallier sous mes drapeaux : je me suis jetté, pour ainsi dire, hors de l'estime de mes contemporains, pour avoir le droit de les juger : et il faut bien que cette sévérité de principes, dont je m'honore, ait all'armé tantôt le despotisme, tantôt le républicanisme, puisque trente ans de travaux utiles, et un personnel sans tache, ne m'ont valu ni un sourire du trône, ni un regard de la faction qui a juré de le renverser.

Mon suffrage a donc ici quelque poids, puisque je n'ai jamais pris la plume que pour être vrai, puisque, pour la dire librement, je n'ai voulu tenir à rien, si ce n'est à la justice et à la vertu.

Homme social, je te conjure donc de peser dans ta sagesse mon opinion, de ne point la croire fausse, parcequ'elle n'est pas l'opinion générale, de soupçonner qu'un ami des hommes peut avoir raison contre six cents enthousiastes, qui s'étant endormis, inconnus à la philosophie de l'administration, se sont réveillés législateurs.

Eh bien; tu es trompé par l'ignorance, quand on te donne une législation qui n'est pas fondée sur tes droits : et tu l'es par l'audace, quand on met une déclaration de droits à la tête de la législation.

Tu as des droits sans doute ;

puisque tu es homme, et que la nature a mis l'homme à la tête de l'échelle des êtres.

Mais ces droits qui viennent de la force de tes organes, et de la supériorité de ton intelligence, tu les as cédés au souverain, par le Pacte Social.

Il ne t'en reste qu'un seul, depuis que tu as une Patrie : c'est celui d'être protégé par la réunion des forces et des pouvoirs.

A cette époque, ton titre au développement de ta force individuelle s'est affaibli, mais ton titre au bonheur à augmenté.

L'état se rend fort, des droits que tu lui confies, et toi tu te rends heureux, des devoirs qu'il t'impose.

Voilà des vérités qui devraient être à l'épreuve des insurrections; car elles sont antérieures au pouvoir qui organise les sociétés, et plus sacrées que la force qui les renverse.

Ils ont donc insulté à la raison humaine, ces législateurs d'un jour, qui intervertissant tout l'ordre social, n'ont parlé au peuple qui doit obéir, que de ses droits, et au représentant du souverain, que de ses devoirs.

Ils ont voulu régner par le peuple, ces hommes, sinon sans vertus, du moins sans lumières : et ils en seront punis ; car le peuple régnera sur eux, et avec lui, le plus grand fléau du globe, l'anarchie.

Et moi aussi j'aime le peuple, mais je l'aime en homme d'état, qui fait dépendre le bonheur, de l'harmonie, qui ne sacrifie pas la masse d'une nation à l'ambition de quelques brigands, qui fait consister son inaltérable prospérité à être tranquille, et sa tranquillité à n'être jamais que protégé.

D'après cette théorie, puisque l'enthousiasme philosophique ne reconnait point de Constitution sans déclaration des droits, en voici une que je soumets aux lumières des législateurs : du moins celle-ci n'est point née du cahos de la métaphysique : simple comme la vérité, mais utile comme l'ordre social, elle fera peut-être un peuple d'heureux, si elle ne fait pas un peuple de philosophes.

La nation ne croit une déclaration de droits légitime, que lorsque cette déclaration a les mêmes éléments que l'ordre social.

Elle ne la croit utile, à la tête d'un Code, que lorsqu'elle affermit le commandement dans ceux qui dirigent la force publique, et l'obéïssance dans la multitude.

Elle ne croit cette déclaration faite pour servir de clef à toutes les législations, que lorsque la chaîne des droits qu'elle expose, n'indique que la chaîne des devoirs.

DIVISION I.

DES DROITS DE L'HOMME EN GÉNÉRAL.

L'homme est né faible ; et puisqu'il a droit d'exister, il a droit à l'appuy de la force.

Cette force qu'il invoque est celle d'un père, quand il est sous l'empire de la nature, et celle de la loy, quand il est sous le règne social.

L'homme n'est pas né libre ; puisqu'en ouvrant les yeux à la lumière, il dépend à la fois des hommes et des choses, des êtres avec qui il a des rapports, et de la nécessité : mais il le devient par l'entendement, qui se développe en lui avec les organes ; cet entendement lui donne l'idée et le sentiment de la liberté, et dèslors il est libre.

L'homme n'a donc point droit à la liberté, tant que borné à l'usage de ses sens, il n'a point déployé ses facultés intellectuelles : mais ce droit se manifeste avec la pensée, et puisque la nature, à cette époque, a donné à l'être intelligent, l'idée et le sentiment de la liberté, l'ordre social, qui n'est que la nature

perfectionnée

perfectionnée, doit lui en assurer l'usage.

Ce droit de l'homme à la liberté est d'autant plus grand, que la Patrie jouit davantage de toute la plénitude de sa puissance; car plus la loy pèse également sur tous les citoyens, moins le poids s'en fait sentir à chaque individu; dépendre d'une Constitution bien faite, c'est ne dépendre que de soi-même : et l'homme social n'est jamais plus libre, que quand il obéit, en raisonnant son obéissance.

Les droits primitifs de l'hom-

me social, considéré comme un être libre, se réduisent à l'exercice entier et absolu de toutes ses facultés, tant que cet exercice ne nuit à personne : il a des sens, pour jouir, un entendement, pour le diriger à la vérité, et une ame pour attacher un prix à la vertu.

L'homme est né inégal à l'homme, en facultés physiques, ainsi qu'en intelligence ; ainsi il en diffère essentiellement, par les droits : car la supériorité d'une force quelconque est le seul titre, que la raison admette, pour la supériorité du pouvoir;

Admettre l'égalité des droits, quand il y a inégalité d'organisation, c'est donc attenter essentiellement à l'ordre social.

Tout ce que le citoyen a droit de demander à la Patrie, c'est que la loy modifie, autant qu'il est en elle, lés inégalités de nature, affin qu'il y ait dans le souverain unité de forces, et dans les sujets unité d'obéissance.

Mais quand l'ordre social modifie l'inégalité des forces dans les citoyens, il fait encore triompher l'inégalité des droits ; puisque, dans tout état bien constitué, tout homme doit être placé, suivant l'échelle graduée de ses talents ou de ses vertus ; puisque toute supériorité y est un titre au pouvoir.

Il n'est qu'un point, ou, soit qu'on obéisse, soit qu'on commande, tous les droits se réunissent, c'es à être protégés, en tout temps par l'ordre social.

DIVISION II.

DES DROITS DE L'HOMME QUI OBÈIT.

Les droits de l'homme qui obéit

dérivent tous de l'idée première : que, sous la nature comme sous la loy, la faiblesse a droit à la protection de la force.

Mais cette protection elle-même se modifie, suivant les besoins de la faiblesse qui l'implore ; l'enfant au berceau doit être plus protégé par son père, que l'enfant qui touche à l'adolescence : l'infortuné, qui ne tient à rien sur la terre, doit être protégé plus immédiatement par l'ordre social, que l'homme, qui a l'art de se créer des appuis étrangers à la loy : en un mot toute la théorie des droits de la multitude, repose sur l'échelle graduée de sa faiblesse.

La faiblesse de l'être qui obéit, quand il est en présence de la loy, est le signe le plus infaillible de la force du gouvernement.

Dans un état, où il y a des mœurs pures et des loix philosophiques, tous les individus, qui ne tiennent pas au pouvoir, sont également faibles, et tous ont un droit égal à être protégés avec la plus grande énergie par l'ordre social.

Quand les mœurs sont corrompues, que le Code est mobile et sans cohérence, l'inégalité de la faiblesse dans les individus qui obéissent, amène l'inégalité des droits à la protection de la force publique.

L'homme soumis, sans armes, sans autre appuy que la loy, peut exiger que cette loy vienne, avec toute la plénitude de sa puissance, au secours de sa faiblesse.

L'homme né pour obéir, qui, fort de l'appuy des factions qui le font mouvoir, veut protéger la loy, perd la plus grande partie des droits qu'il avait à en être protégé.

L'homme qui s'arme lui-même, pour protéger sa faiblesse oblige la loy à se mettre en défense, et cet état de guerre le jette hors de l'ordre social.

L'homme qui obéit n'a donc de droits que quand il est faible, et comme cette faiblesse en présence de la loi, est raisonnée, il s'ensuit que ses droits sont tout entiers dans l'observation de ses devoirs.

DIVISION III.

DES DROITS DE L'HOMME QUI COMMANDE.

Tout administrateur a droit de disposer, sur sa garantie, de la partie de la force publique qui lui est confiée ; car s'il etait contrarié dans son exercice, il cesserait de représenter le pouvoir, et le gouvernement ne marcherait pas.

Tout administrateur a droit d'exiger l'obéissance militaire, des instruments de la force publique qu'il fait mouvoir, ex-

cepté dans les circonstances prévues par la loy, où l'infraction de la morale authorise l'insurrection.

Tout administrateur a droit à la considération publique, tant qu'il est en place. et l'injure qui tend à la lui enlever, aggrave, en raison du rang de l'offensé, le délit du perturbateur.

[Ces droits de pouvoir tout, pour faire respecter la loy, et d'être honoré en raison de cette toute-puissance, supposent qu'on a répondu à la confiance de la Patrie : ainsi les droits de

l'homme qui commande, émanent, ainsi que ceux de l'homme qui obeit, de l'observation des devoirs.

DIVISION IV.

DES DROITS DE LA PATRIE.

Toute nation, légalement assemblée, étant souveraine, a droit d'en exercer la toute-puissance.

Une nation souveraine, c'est-à-dire, la Patrie des hommes libres, est en droit de se créer une Constitution.

Si une Constitution trouble l'ordre social, la Patrie a le droit de l'anéantir : et ce droit est imprescriptible : car il est aussi essentiel à une grande société de se rendre heureuse que d'exister.

Si la Constitution est bonne, elle ne peut encore obliger, que lorsqu'après une revision solemnelle, le souverain lui a donné sa sanction ; ce droit de reviser ses loix est aussi inaliénable pour la Patrie que celui de se régir par des loix.

FIN DU TOME X.

www.ingramcontent.com/pod-product-compliance
Ingram Content Group UK Ltd.
Pitfield, Milton Keynes, MK11 3LW, UK
UKHW020950230726
13923UKWH00007B/225